Capitaine CONDAMY

de l'Infanterie Coloniale

A L'ÉTAT-MAJOR DU CORPS D'ARMÉE COLONIAL

Habitations Coloniales

(Extrait de la *Revue des Troupes coloniales.*)

PARIS

HENRI CHARLES-LAVAUZELLE

Éditeur militaire

10, Rue Danton, Boulevard Saint-Germain, 118

(MÊME MAISON A LIMOGES)

DU MÊME AUTEUR

Adoua-Custozza.

Etude sur le Betsiriri (Madagascar).

Une Méthode de Guerre coloniale : **La Conquête du Ménabé.**

Histoire du Gouvernement provisoire de Tien-Tsin.

Colonisation militaire.

Habitations Coloniales

Capitaine CONDAMY

de l'Infanterie Coloniale

A L'ÉTAT-MAJOR DU CORPS D'ARMÉE COLONIAL

Habitations Coloniales

(Extrait de la *Revue des Troupes coloniales.*)

PARIS

HENRI CHARLES-LAVAUZELLE

Éditeur militaire

10, Rue Danton, Boulevard Saint-Germain, 118

(MÊME MAISON A LIMOGES)

AVANT-PROPOS

Dans cette étude, nous nous proposons surtout de rechercher à quelles conditions doivent satisfaire les baraques provisoires à employer en cas d'expéditions en pays d'outre-mer. Mais la plupart des principes que nous posons s'appliquent à toutes les constructions coloniales, qu'elles soient permanentes ou temporaires.

Ces principes sont si souvent méconnus, aussi bien par le génie que par les entrepreneurs de constructions aux colonies, qu'il nous paraît utile de les grouper en une étude que pourront, semble-t-il, consulter avec fruit tous nos colons et les jeunes officiers.

Habitations coloniales

PREMIÈRE PARTIE

L'étude des différentes campagnes coloniales tant françaises qu'étrangères semble prouver que, sauf pour l'expédition des Achantis en 1873, on s'est rarement préoccupé *à temps* des moyens à employer pour abriter le personnel, le matériel et les approvisionnements. Au dernier moment, on a presque toujours dû agir sous l'empire de la nécessité et s'adresser souvent, non aux fournisseurs qui pouvaient faire bien et à bon marché, mais à ceux qui offraient les délais minima de livraison. Aussi les officiers, les médecins qui relatent leurs impressions dans des récits de campagne, des études diverses, des mémoires, sont-ils unanimes dans leurs plaintes contre les baraquements qui les ont abrités. Malheureusement leurs observations n'ont porté, la plupart du temps, que sur un laps de temps très court, qu'ils ne précisent généralement pas, ni comme saison ni comme durée, et ils formulent des griefs généraux très vagues contre les baraques qu'ils ont vues, sans même dire à quelle type elles appartenaient et sans en faire la description.

D'autre part, les rapports officiels sont presque muets sur l'utilisation du matériel employé. Celui du général commandant le corps expéditionnaire de Madagascar en particulier donne une énumération succincte de ce matériel sans émettre le moindre avis sur sa valeur. Il en est de même des rapports des chefs de service.

Dans le même ordre d'idées, en vue d'abriter dans des cas urgents un nombreux personnel, le Ministre des colonies a dû faire d'importantes commandes de baraquements démontables pour les colonies et notamment pour Diégo-Suarez. On a utilisé tous les types connus et lorsqu'on cherche à savoir les considérations qui ont déterminé chaque fois le choix d'un système plutôt que d'un autre, on n'obtient qu'une réponse : *on était pressé ; on a été au plus vite.* Le Ministère des colonies ne possède d'ailleurs aucun rapport sur l'emploi du matériel qu'il a expédié outre-mer et les observations auxquelles il a donné lieu (1902).

En résumé, on ne paraît donc pas avoir exploité, comme il aurait été possible, le vaste champ d'expériences qu'ont offert les campagnes coloniales passées, les occupations provisoires de territoires; il en est de même de celui qu'a présenté la mise en état de défense de nos colonies.

La conséquence est qu'à chaque expédition nouvelle on est obligé de se livrer à des tâtonnements sur le choix du matériel, que des erreurs et des fautes peuvent se commettre qu'on aurait pu éviter si on avait enregistré les leçons du passé.

Le Ministre de la marine a bien prescrit, par lettre du 30 août 1900, au général Voyron, de fournir des rapports sur l'utilisation du matériel employé pendant l'expédition. Ils sont intéressants, mais de peu d'importance au point de vue des baraquements, la France n'ayant envoyé à Tien-Tsin que douze baraques-magasins et les puissances étrangères paraissant ne pas s'être beaucoup plus préoccupées que nous de cette question.

Aucune étude d'ensemble n'ayant jamais été faite sur les baraquements à utiliser temporairement aux colonies et tous les systèmes jusqu'alors employés ayant donné lieu à de nombreuses observations, il a semblé utile de rechercher quelles conditions doivent réaliser ces abris passagers.

NÉCESSITÉ DU CANTONNEMENT EN CAMPAGNE AUX COLONIES

Les inconvénients que présente la vie de bivouac pour la santé des hommes sont tels que tous les règlements des armées européennes prescrivent le cantonnement comme mode normal de stationnement des troupes. En Europe, il est presque toujours possible, la densité de la population étant partout assez forte. Il n'en est pas de même aux colonies, où les corps expéditionnaires sont souvent obligés de franchir, pendant plusieurs jours, des régions inhabitées.

Or, il est indubitable qu'aux colonies, plus encore qu'en Europe, il est nécessaire de soustraire l'homme aux influences pernicieuses des intempéries et d'un climat débilitant. L'expérience le prouve d'ailleurs surabondamment.

D'après le rapport du général en chef qui ne mentionne pas les décès survenus en France après rapatriement, nos pertes se sont élevées pendant l'expédition de Madagascar à 5.756 hommes tant Français qu'indigènes. Sur ce nombre, une dizaine à peine sont morts de blessures de guerre ; le reste a succombé à la maladie ou aux fatigues de la campagne.

La première expédition des Achantis en 1873 donne lieu aux mêmes constatations : 110 hommes venant d'Angleterre débarquent à Cap-Coast le 9 juin 1873 ; aucune mesure hygiénique n'a été prévue ; aussi la petite troupe est-elle bientôt décimée. En six semaines, 12 hommes meurent de maladie ; 77 sont rapatriés et à la fin d'août il ne reste plus sur la côte que 21 des hommes qui y étaient arrivés moins de deux mois plus tôt. Cette cruelle expérience sert de leçon, et lord Wolseley prend pour les opérations ultérieures des précautions hygiéniques qui en ont assuré le succès. Sur 4.000 hommes, tant noirs que blancs, qu'il a employés de janvier 1874 au 23 mars de la même année, 49 seulement sont morts de maladie. Une semblable différence est due, non seulement à la saison, mais encore et surtout au soin avec lequel la campagne a été préparée d'abord, et ensuite menée. Jamais les hommes n'ont bivouaqué. Des détachements ont toujours précédé le corps expéditionnaire dans les gîtes d'étapes et y ont élevé avec les matériaux trouvés sur place des abris où les troupes s'installaient aussitôt arrivées. Devant un ennemi entreprenant et actif, ce procédé n'est plus possible. Mais est-ce à dire que même dans ce cas on ne puisse rien faire pour assurer aux hommes un repos réparateur et les soustraire à l'action dissolvante des agents extérieurs? Si l'on ne peut compter sur les maisons des habitants et si l'on n'a pas le temps ou les moyens de construire des abris improvisés, doit-on pour cela bivouaquer toujours et partout? Evidemment, non. Dans beaucoup de cas il sera possible de faire autrement en utilisant des baraques démontables ou des tentes plus ou moins légères. Au point de débarquement qui sera en même temps la base de ravitaillement, le problème n'offre aucune difficulté. On s'y installera peu à peu aussi confortablement que le temps dont on dispose le permettra. Aux gîtes principaux d'étapes, les services de l'arrière auront également tout loisir pour organiser des abris qui, moins importants que les précédents, offriront cependant tout le degré de confort que comporteront les circonstances. Enfin, les troupes elles-mêmes devront, en arrivant à l'étape, être abritées plus efficacement que sous la tente-abri. A ces trois situations correspondent des abris de nature différente.

Sans doute la rapidité des mouvements, la mobilité des troupes, partant leur capacité de manœuvre seront un peu diminuées ; mais sont-elles aussi nécessaires contre une armée de noirs qui ne manœuvre pas ou manœuvre mal, que contre un adversaire blanc, actif, bien commandé et exercé dans l'art de la guerre ? La rapidité de mouvement indispensable en Europe à une armée pour se concentrer rapidement en un point donné, se soustraire à un ennemi victorieux, etc., est moins indispensable aux colonies, du moins dans les grandes opérations où les troupes conservent généralement leur liberté de manœuvre et l'initiative des mouvements.

On objectera peut-être la dépense ; mais elle sera largement compensée par l'économie résultant de la réduction des journées d'invalidation, d'infirmerie et d'hôpital, et surtout par le nombre des vies humaines épargnées.

Il en est de même pour les hangars, magasins, etc. L'expédition récente de Chine offre à ce sujet de nombreux et utiles enseignements.

Les 24 et 25 juillet 1900, le lieutenant-colonel Legrand, commandant le génie du corps d'occupation de Chine, demanda au général Voyron que cinq ou six baraques d'une contenance de 100 mètres carrés (24 juillet) et un hangar Espitallier de 300 mètres carrés destinés à couvrir le matériel soient envoyés en Chine par l'un des premiers paquebots. Le 25 juillet, par lettre n° 10, M. Sainte-Claire Duville, chef des services administratifs, expose qu'il lui faudrait 14 baraques de 20 mètres de long pour abriter les approvisionnements aussitôt après leur débarquement ; le 31 juillet, par lettre n° 23, il déclare que 14 baraques ne suffisaient pas, 20 sont nécessaires ; il regrette en même temps que celles qui font l'objet de sa lettre du 25 juillet ne soient pas parties par le premier transport. Toutes ces demandes sont transmises avec avis favorable au Ministre de la marine. Mais ce dernier attend un rapport de l'amiral Courrejoles sur les ressources du cantonnement de Tien-Tsin (lettre du 1er août). Le 30 août, au reçu de ce rapport (1), le Ministre donne ordre d'acheter 12 baraques seulement, de 15 mètres sur 8 mètres. Il y a urgence ; on est obligé de traiter avec le fournisseur « qui demande le moins de délai pour la livraison », comme le prouvent le rapport au Ministre du directeur du matériel en date du 5 septembre 1905 et le rapport du 3 septembre du capitaine Thomasset, chargé de la question.

« Plusieurs concurrents ont offert des prix un peu inférieurs ; mais les délais les plus réduits par eux s'élèvent à dix-huit jours au minimum sans garantie contre les retards occasionnés par les grèves (2) ».

« Les prix qui sont parmi les plus faibles proposés et les délais relativement courts exigés pour tout ou partie de la fourniture militaient en faveur de la prise en considération de leurs propositions (3). »

De ces faits il ressort qu'on a dû tout sacrifier au caractère d'urgence : le Trésor en a souffert, et aussi les approvisionnements.

En outre, les renseignements de l'amiral Courrejoles étaient incomplets (1). Il en résulte qu'on dut, à Tien-Tsin et à Shangaï, construire des baraquements qui

---

(1) D'après les renseignements donnés par l'amiral Courrejoles, Tien-Tsin offrait assez de ressources pour abriter tout le corps expéditionnaire. Or, d'après un rapport du chef de génie, il n'y avait de place que pour 1.773 hommes.

(2) Rapport du chef du matériel au Ministre du 5 septembre.

(3) Rapport du capitaine de génie Thomasset sur la fourniture de 12 baraques-magasins.

coûtèrent fort cher et ne furent prêts qu'à la fin de novembre. Les pertes de temps, de matériel, d'approvisionnement et d'argent qui en furent la conséquence, sont mises en évidence dans les extraits du rapport ci-dessous du lieutenant-colonel Legrand (1). « L'effectif à loger à Tien-Tsin s'élevait à 5.000 hommes et il fallut, en outre, prévoir un certain nombre de places disponibles destinées à servir d'abri pour les troupes de passage ou les hommes à rapatrier ; les uns et les autres ne pouvaient être laissés sous la tente ou au bivouac sous peine de les exposer à de graves maladies. Aussi, le général en chef, soucieux d'assurer le bien-être et la santé du corps expéditionnaire et s'inspirant de la pensée des pouvoirs publics qui s'attachait à entourer le soldat de toutes les précautions susceptibles de le garantir des maladies a-t-il prescrit, à la date du 26 septembre, de constituer à Tien-Tsin des baraquements pour 3.000 hommes et d'aménager les divers cantonnements pour un effectif de 15.000 hommes. Les ressources étaient si peu en rapport avec les besoins réels du corps expéditionnaire que sur les vives instances du chef des services administratifs on dut admettre la construction d'un hangar de 1.350 mètres carrés à la gare de Tien-Tsin. La construction de ce hangar retardée par... *n'a pu être entreprise que tout récemment.* Si on avait disposé des hangars démontables dont le général en chef avait demandé l'envoi, *il eût été possible de mener ce travail beaucoup plus rapidement* et on aurait *évité ainsi de nombreux vols* qui se sont commis à la gare de Tien-Tsin, malgré la vigilance du poste de surveillance. Il est permis de dire que *l'économie qu'on a pu réaliser sur la commande de baraques a été peut-être compen-*

(1) Rapport du lieutenant-colonel Legrand sur l'installation des troupes à Tien-Tsin (25 octobre 1900).

sée par suite des pertes qu'on vient de signaler. Si regrettable que soit la perte d'argent, elle l'est moins encore, à coup sûr, que la diminution des approvisionnements du corps expéditionnaire qui en a été la conséquence... Quant au matériel de baraquement nécessaire, *si la véritable situation des ressources de Tien-Tsin avait été connue avant le départ de France,* et si les événements avaient permis de prévoir que cette ville serait le lieu d'hivernage d'une partie aussi importante du corps français, *ce n'est pas 20 baraques qu'on aurait demandées, mais au moins* 100, *et la dépense qui serait résultée de cette commande n'aurait pas dépassé celle qu'il a fallu engager sous peine de voir nos troupes en Chine décimées par la rigueur du climat.* »

Ainsi donc, les circonstances obligèrent le corps expéditionnaire français à construire à Tien-Tsin de nombreux baraquements et à en améliorer d'autres pour les approprier à nos besoins.

(Nous ne possédons pas encore le chiffre des dépenses effectuées ; mais d'après un rapport du 12 août 1901 du lieutenant-colonel Legrand, sur l'installation des troupes à Shangaï, on y aurait dépensé, pour l'installation de 22 officiers, 860 hommes et 120 animaux, 122.000 francs. Pour loger les mêmes effectifs à Tien-Tsin la dépense n'était que de 101.000 francs. On peut en déduire que la construction prescrite par le général en chef de casernements pour 3.000 hommes et 1.000 animaux a coûté 3.150.000 francs. Il faudrait ajouter à ce chiffre les dépenses nécessitées par l'aménagement des locaux déjà existants et destinés à recevoir 10.000 hommes, la construction d'un hangar de 1.350 mètres carrés et l'amélioration des magasins existants.)

Or, la plus grande partie du corps expéditionnaire français étant rapatriée, la plupart de ces bâtiments restèrent inutilisés par nous. Si l'on avait employé des constructions démontables, on aurait pu les rapporter en France pour s'en servir ultérieurement quand le besoin s'en serait fait sentir. On serait ainsi rentré dans une partie des dépenses effectuées pour achat de baraquements démontables et on aurait, de ce fait, évité :

1° Les nombreux rapatriements pour cause de maladies d'hommes à peine débarqués dans la colonie et leur remplacement par d'autres venus de France : d'où importante économie de transport, de journées d'invalidation et d'hospitalisation ;

2°) Les décès de beaucoup d'hommes ;

3°) Les vols et les pertes d'approvisionnements laissés en plein air, qui amenèrent une telle diminution des denrées existantes que les mouvements du corps expéditionnaire en furent paralysés ;

4°) La construction onéreuse des baraquements qui, après le départ du corps expéditionnaire, restèrent en partie aux Chinois ou durent être démolis.

On peut, il est vrai, objecter que la campagne de Chine s'est faite dans des conditions exceptionnelles et que, presque toujours, nos expéditions coloniales ont pour but l'annexion d'un territoire, ce qui diminue ou supprime la valeur de l'argument invoqué. Il est facile de répondre par des faits. Le sanatorium de Nossi-Comba a donné lieu à quelques critiques provoquées par l'insuffisance de protection assurée par les baraques démontables. Après les avoir énumérées, le commandant Legrand dit : « Il ne faudrait pas conclure de là qu'il eût été préférable de n'employer pour le sanatorium que des constructions en matériaux du pays. Si on avait adopté cette mesure, jamais le sanatorium n'aurait été prêt au moment voulu, car une des principales difficultés dans son établissement provenait du transport des matériaux à pied d'œuvre. Or, les baraques métalliques, beaucoup plus légères que les autres et formées de pièces divisibles et, par suite, aisées à porter, ont permis d'entreprendre les constructions du matériel; elles furent plus rapidement élevées que celles qu'on fit avec des matériaux du pays. »

On peut donc affirmer que l'absence, en Chine, en quantité suffisante, et au moment voulu, de baraquements démontables a été pour le corps expéditionnaire une cause de perte d'hommes, de matériel, d'approvisionnement, de temps et d'argent, qui ont dépassé de beaucoup l'économie résultant de la réduction des baraques demandées au Ministre pendant la période de préparation de l'expédition.

Et si l'on songe maintenant que ces pertes pouvaient à un moment donné immobiliser le corps expéditionnaire par suite du manque d'hommes, on reconnaîtra sans peine que la nécessité des baraques démontables s'impose dans toute expédition coloniale et que, même, les baraques doivent être expédiées par les premiers transports.

DEUXIÈME PARTIE

BARAQUES DÉMONTABLES

Des baraquements, tentes ou abris étant indispensables, il y a lieu de rechercher à quelles conditions ils devront satisfaire.

Facilités de transport.

Les constructions démontables à utiliser par un corps expéditionnaire colonial doivent pouvoir être amenées sans grosses difficultés et sans avaries à pied d'œuvre.

Elles ont à subir un transport maritime précédé ou non d'un transport par voie ferrée, du lieu de production au point de débarquement, d'où elles seront expédiées sur les points où elles doivent être érigées.

Cette dernière partie du trajet est, au point de vue qui nous occupe, seule à considérer. Elle pourra, mais très rarement, s'effectuer en chemin de fer ou en voiture ; quelquefois par voie fluviale, le plus souvent à dos de mulet, presque toujours à dos d'homme.

Les voies d'eau que l'on utilisera ne seront généralement navigables que pendant quelques mois de l'année et seulement pour les bateaux d'un très faible tirant d'eau que l'on ne pourra souvent employer efficacement qu'autant qu'on aura pu se procurer des pilotes exercés et connaissant le régime du fleuve.

Les routes ne seront presque toujours que de très mauvais sentiers qu'il faudra perfectionner le coupe-

coupe à la main, et sur lesquels deux hommes ne pourront pas, la plupart du temps, passer de front.

Enfin, arrivés à destination, les baraques devront souvent être installées en des points très élevés et peu abordables, comme cela peut être le cas pour les postes optiques, les sanatoria et les blockhaus.

Un projet de matériel destiné à un corps expéditionnaire colonial doit tenir compte de toutes ces considérations et, en plus, de la difficulté de recruter des porteurs.

S'il s'agit de la constitution d'un matériel sans destination précise, toujours disponible et pouvant être utilisé dans une colonie quelconque et en toute saison, il est indispensable de se placer dans les conditions les plus défavorables, donc d'envisager le cas du transport à dos d'homme. En agissant autrement on risquerait de ne pouvoir se servir de ce matériel au moment voulu ; le capitaine Kreitmann rapporte qu'au Tonkin, où l'on avait expédié des constructions de différents systèmes, on ne put guère employer que des charpentes Moisant ; les autres étaient trop lourdes pour pouvoir être transportées en jonques (1).

Il est à souhaiter que chaque baraque puisse se diviser en charges de 20 à 25 kilogrammes peu encombrantes, s'arrimant facilement et solidement ; quelques-unes pouvant atteindre 50 kilogrammes, qui est le poids maximum de la charge à deux.

Il est bien évident, cependant, que ces poids pourraient être dépassés pour les constructions à élever au point de débarquement. Mais il ne faut pas oublier que même là, les difficultés et les conditions de montage jointes au manque de main-d'œuvre nécessitent encore une certaine légèreté. Dans tous les cas il serait avantageux que la subdivision du matériel en petits colis fût

---

(1) *Le Génie au Tonkin*, capitaine Kreitmann.

faite par le constructeur avant l'expédition. On éviterait ainsi à l'arrivée au point de débarquement les opérations de fractionnement qui occasionnent des pertes de temps et des avaries comme celles qu'on a eu à regretter à Majunga en 1895 (1). D'ailleurs, de petits colis bien emballés pour éviter les pertes comme celles qu'on a subies à Madagascar sont plus maniables dans l'arrimage à bord et dans les opérations de chargement et de déchargement que de gros colis et arrivent à destination en meilleur état : de nombreux éléments de fermes envoyés de France à Madagascar pendant la campagne ont été faussés pendant le transport et ont dû être redressés à Majunga (2).

La majoration de prix qu'on serait obligé de payer aux fournisseurs pour ce fractionnement en petits colis soigneusement emballés serait compensée et au delà par la diminution des frais de manutention au débarquement et des avaries de toute nature.

Ces conditions réalisées, il y aura lieu d'éviter les ennuis éprouvés en 1895 par suite de la pénurie de porteurs au point de débarquement. Des baraquements Laillet et autres restèrent longtemps entassés sur la plage de Majunga enfouis sous d'autres colis (3). Cet inconvénient eût été évité si l'un des premiers bateaux arrivés avait apporté un Decauville et le personnel nécessaire à son exploitation.

Rapidité et facilités de montage et de démontage.

Il y a intérêt à abriter le plus tôt possible les hommes, surtout les malades, les animaux, les vivres et le maté-

---

(1) Lieutenant-colonel Legrand-Girarde, *le Génie à Madagascar*.
(2) *Ibidem*.
(3) *Ibidem*.

riel. Les constructions, qu'elles soient destinées à la base de débarquement, aux gîtes principaux d'étapes ou aux gîtes ordinaires d'étapes, doivent donc pouvoir être édifiées rapidement. Il serait à souhaiter qu'on pût les construire avant l'arrivée des troupes, comme le fit lord Wolseley dans sa campagne de 1873 contre les Achantis. Mais nos troupes auront rarement à combattre un ennemi aussi peu entreprenant que l'adversaire des Anglais en 1873 et il faudra se résigner à bâtir sous la protection des premières troupes arrivées. On remédiera en partie à cet inconvénient si dans le choix du matériel on donne la préférence à un bâtiment progressif permettant d'obtenir très rapidement un premier abri qu'on perfectionnera et allongera peu à peu et successivement.

D'autre part, la main-d'œuvre qu'on trouvera sera rare, inhabile, peu exercée et coûteuse ; les matériaux que l'on pourra se procurer sur place, s'il y en a, seront de mauvaise qualité et d'un emploi difficile. L'oubli de cette considération a souvent produit des mécomptes. Des pièces d'agencement délicat ont été faussées et n'ont pu être utilisées immédiatement. On cite ainsi le cas d'un pavillon Danly (1) dont un certain nombre d'éléments ont été inversés dans le montage. Il faut donc rechercher une simplicité même exagérée ; n'employer qu'un petit nombre de pièces solides, faciles à assembler, de façon que le montage puisse se faire sans outils et sans ouvriers spéciaux.

L'interchangeabilité des éléments présente à ce point de vue un intérêt considérable. Le commandant Legrand-Girarde a, pour cette raison, fort apprécié les baraques Espitaillier à Majunga : « L'encombrement de la plage, dit-il, rendait fort difficile le triage des divers colis ; on employa les éléments de baraques au

(1) Capitaine Brachet, *Cours de construction*.

fur et à mesure qu'ils se présentaient, sans tenir compte de leur destination primitive. Il en résulta sans doute, par la suite, une certaine gêne dans le rangement des colis restants au parc du génie ; mais ce petit inconvénient fut largement compensé par le temps qu'on gagna au début pour l'installation des baraques (1). » Si les différentes pièces du système employé n'avaient pas été interchangeables, les baraques n'auraient pu être montées que beaucoup plus tard. Cet inconvénient avait déja été constaté par le capitaine Kreitmann au Tonkin (2), où les charpentes arrivaient très souvent dépareillées et même mélangées de pièces appartenant à des types différents, ce qui rendait difficile sinon impossible l'érection des bâtiments.

L'interchangeabilité permet, en outre, d'éviter les tâtonnements et le numérotage ou le repérage des pièces qui, visibles quand elles sont neuves, s'effacent rapidement avec le temps, rendant difficiles les montages ultérieurs ; enfin, la perte ou la détérioration d'une pièce ne constitue pas un obstacle insurmontable à l'érection de la baraque.

L'interchangeabilité des éléments, même de ceux qui doivent recevoir des destinations différentes, telle qu'elle existe pour certaines pièces dans le système Espitaillier et pour presque toutes dans celui de la Société française de constructions portatives et démontables devra donc être exigée. Elle permettra aussi d'allonger ou diminuer, transformer ou modifier un bâtiment avec autant de facilité que des châteaux de cartes ou de dominos.

L'adoption d'un type unique pour tous les baraquements, quel qu'en soit leur objet, permettrait d'éviter les inconvénients signalés au Tonkin par le capitaine

(1) Legrand-Girarde, *le Génie à Madagascar.*
(2) Kreitmann, *le Génie au Tonkin.*

Kreitmann et faciliterait le montage une fois les ouvriers familiarisés avec les éléments d'une première construction. Elle permettrait, en cas de perte ou d'avaries, de trouver dans les éléments d'une baraque et en attendant les matériaux de remplacement de quoi compléter immédiatement la construction ou montage.

Beaucoup de ces bâtiments seront à déplacer une ou plusieurs fois au cours même de l'expédition à mesure qu'on avancera et que la situation tactique se modifiera ; puis plus tard, pendant la période de pacification ; il faut donc qu'ils soient démontables et facilement remontables. Pour pouvoir se séparer facilement et s'ajuster ensuite de nouveau, les pièces métalliques devront être à l'abri de la rouille et celles en bois à l'abri des gonflements causés par l'humidité. Elles devront donc être couvertes d'enduits protecteurs empêchant les premières de s'oxyder et rendant les secondes imperméables à l'eau. On évitera, pour assembler les bois, les tenons et mortaises ; les clous, qui sont difficiles à arracher, laissent des trous qui, s'ils sont trop rapprochés, affaiblissent les planches et même les fendent au point de les rendre inutilisables. Pour assembler les fers, on restreindra l'emploi des boulons, les ouvertures dans lesquelles ils doivent passer cessant rapidement de se faire face par suite des dilatations et contractions du métal, et ceux que l'on emploiera devront être d'un modèle uniforme.

Chaque bâtiment devra être accompagné : 1° d'une notice descriptive et d'une instruction claires et simples sur le montage et le démontage ; 2° de pièces de rechange.

Stabilité. — Solidité.

Sous l'action continue des variations de température, de la sécheresse succédant à l'humidité, des pluies torrentielles, de l'air salin, au bord de la mer, des insectes, des termites et des rongeurs, les matériaux s'altèrent rapidement.

Les bois, surtout s'ils sont verts, perdent en peu de temps leur résistance et, ce qui est un danger grave, conservent l'apparence de la solidité jusqu'au jour de l'effondrement. Les fers s'oxydent et les tôles se percent sous l'influence de la rouille.

Quant au carton et aux différents mortiers employés, ils se délaient dans l'eau en fort peu de temps et sont bientôt hors de service.

Les bois devront donc avoir été injectés ou tout au moins enduits d'une substance les rendant imputrescibles, imperméables à l'eau et inattaquables par les insectes. Ils devront, de plus, avoir été ignifugés, ce qui diminue les risques d'incendie et, en tous cas, donne le temps, en cas d'incendie, d'évacuer les locaux. La face des planchers tournée vers le sol sera coaltarisée, ainsi que les pieux s'enfonçant dans la terre. Les fers seront recouverts d'une couche protectrice les empêchant de s'oxyder ; dans le même but, les tôles seront galvanisées.

Les feutres, les toiles de tente employés comme couverture ou comme parois, etc., etc., devront également être imperméabilisés et « incombustibilisés » à l'aide de sels terreux. Ces précautions sont surtout nécessaires pour les surfaces exposées à l'extérieur.

L'assemblage des matériaux devra de plus leur donner une stabilité permettant aux abris de toutes sortes de résister aux coups de vent violents, aux typhons, et dans certains cas aux légers tremblements de terre.

Le 14 novembre 1854, toutes les tentes de la division française campée à Inkermann furent enlevées par la tempête. En 1886, une partie de nos troupes durent évacuer précipitamment les baraques qu'elles occupaient aux Nouvelles-Hébrides. A Whidah, une baraque Döcker fut renversée par le vent ; au Tonkin et à Madagascar, les mêmes accidents survinrent.

A ce point de vue, soit qu'on emploie comme couverture la tuile, l'ardoise, des panneaux de bois ou d'autres substances, des bardeaux ou des tôles ondulées, on devra les fixer solidement, si l'on craint les coups de vent. La tôle ondulée et galvanisée rendra de grands services à cause de la solidité de son accrochage.

Cette solidité des matériaux et cette stabilité sont d'autant plus à rechercher qu'elles sont difficilement compatibles avec la légèreté obligatoire des éléments les composant et que les bâtiments construits seront employés pendant un temps dont on ignore souvent la durée et pouvant se prolonger au delà de toute prévision.

D'ailleurs, les ressources budgétaires, après la conquête, ne permettent pas, la plupart du temps, d'établir immédiatement les casernements des troupes d'occupation qui sont obligées d'utiliser longtemps les installations provisoires du début.

Les baraques construites aux Sept-Pagodes sous le commandement du général de Côurcy en 1884 étaient encore utilisées comme casernes en 1894, et les baraques Espitallier dressées à Majunga en 1895 par le corps expéditionnaire servent encore aujourd'hui d'hôpital (avril 1902).

Protection contre la chaleur et le froid.

Le premier ennemi à combattre est la chaleur. L'emplacement du bâtiment à élever étant judicieusement choisi et son orientation convenablement établie, le meilleur moyen de protéger l'habitant contre les influences extérieures est d'employer des murailles aussi épaisses que possible. On ne peut le faire dans les constructions portatives qui doivent être rapidement édifiées. Il faut trouver autre chose : l'expérience prouve que la double coque remédie à la faible épaisseur des murs, si on a soin d'entourer la case d'une véranda.

Double cloison. — La protection la plus efficace aussi bien contre la chaleur que contre le froid est actuellement assurée par l'emploi de cloisons doubles, à condition que le matelas d'air qui les sépare soit constamment renouvelé par une ventilation énergique ; mais si on n'y prend garde, ces doubles parois deviennent bientôt le refuge des serpents, des cancrelats ou des rats qui y apportent des débris de toutes sortes et y font la nuit un tapage qui empêche souvent de dormir. Le fait a été constaté à Madagascar. Il faut donc que ces parois soient assez éloignées l'une de l'autre pour qu'on puisse pénétrer dans l'intervalle et le nettoyer facilement. Plus d'ailleurs la distance qui les sépare sera grande, plus épaisse sera la couche d'air isolante et plus grande sera la protection qu'elle assure ; afin de provoquer un appel énergique d'air, l'intervalle entre les deux murs devra être ouvert à ses extrémités inférieure et supérieure, ce qui facilitera en même temps le nettoyage.

Choix des matériaux constituant la double cloison.

a) L'emploi des substances non conductrices et non rayonnantes s'impose. Si, en effet, on emploie une double paroi métallique, on ne tarde pas à constater les faits suivants : la paroi extérieure s'échauffe rapidement sous l'action de la température ambiante. Elle transmet sa chaleur à la paroi interne et, par suite, à l'appartement : 1° par conductibilité directe à l'aide des entretoises, qui assurent la stabilité et la solidité des murailles ; 2° par rayonnement. Cette transmission se fait d'autant plus rapidement que la couche isolante est moins épaisse et que la circulation de l'air y est moins active. Or, la présence de parois métalliques produit précisément la stagnation de cet air et empêche la déperdition de chaleur par convection. La circulation de l'air est due surtout à la différence de températures entre l'air de la double paroi et celui des lanterneaux. Or, l'air des doubles parois échauffé par rayonnement de la paroi extérieure est sensiblement à la même température que celui des lanterneaux et la circulation ne se produit pas. La double cloison ne remplit plus son rôle.

C'est pour cette raison que les baraques à double cloison de tôle employées pendant le percement du canal du Panama (les baraques Dauly) étaient inhabitables.

Si on n'adopte que des parois non conductrices et non rayonnantes, il pourra y avoir avantage à donner plus d'épaisseur à la cloison externe qu'à l'autre.

b) Dans le même ordre d'idées, il y a lieu de tenir lieu de la couleur des matériaux, qui joue un grand rôle dans le pouvoir absorbant ou émissif de la chaleur. Le blanc convient le mieux ; mais il est salissant, impressionne désagréablement la rétine et provoque une réverbération pénible. On choisira une teinte claire, rosée, jaunâtre ou verdâtre.

Véranda. — L'importance de la véranda est trop connue pour qu'il soit utile d'insister sur la nécessité d'en munir tous les baraquements. Pour qu'elle rende tous les services qu'on attend d'elle, il est nécessaire qu'elle existe sur tout le pourtour de la case.

Son but est de ne laisser arriver les rayons solaires sur

la muraille extérieure de la maison que lorsqu'ils sont déjà très inclinés sur l'horizon. Elle l'atteindra d'autant mieux qu'elle sera plus large et plus basse. Sa largeur sera de $2^m,50$ à 3 mètres ; elle ne devra jamais descendre au-dessous de 2 mètres, Sa hauteur devra permettre à un homme de pénétrer à l'intérieur sans se baisser ; elle sera de $1^m,80$ à 2 mètres, ce dernier chiffre étant un maximum.

Il sera bon de munir ses faces exposées au soleil de persiennes mobiles ou de stores faciles à relever quand la température l'exige.

Si on craint une trop grande clarté à l'intérieur quand les stores sont levés, on pourra tamiser la lumière à l'aide d'un léger rideau.

Paillotes chinoises. — Dans des pays à températures hivernales et estivales aussi extrêmes que celles du Pet-chili il paraît, à première vue, impossible de réaliser un type de bâtiment qui garantisse aussi bien des froids que des chaleurs.

Les Chinois ont trouvé une solution ingénieuse et pratique du problème. En été, ils munissent les façades de leurs maisons exposées au soleil de panneaux mobiles disposés en auvents et constitués par un cadre en bambou ou en bois léger sur lequel est tendue une natte grossière, un paillasson plutôt, assez épais pour ne pas laisser passer les rayons solaires. Ces panneaux, de la largeur de la façade, sont percés d'ouvertures de la dimension ordinaire de nos fenêtres, qu'on ferme avec des nattes semblables un peu débordantes, qui s'enroulent et se déroulent à l'aide d'une poulie et d'une corde comme les stores mobiles dont nous nous servons en Europe.

Ce système n'est évidemment pas très coquet ; mais il est du moins pratique, partant, à recommander le cas échéant.

Les Chinois emploient également des panneaux semblables qu'ils disposent horizontalement au-dessus de leurs maisons et des cours, à un mètre ou deux du faîte de la toiture.

Double toiture. — La double toiture est plus nécessaire encore que la double cloison, surtout lorsqu'on emploie de la tôle ondulée, ce qui est la majorité des cas.

La couverture, si elle est bonne conductrice de la chaleur et rayonnante, absorbe la chaleur solaire et la transmet rapidement par rayonnement à l'intérieur des appartements non protégés par un plafond laissant entre lui et la toiture un matelas d'air d'autant plus efficace qu'il est plus épais et plus fréquemment renouvelé.

Ce plafond même suffira à peine si l'on emploie comme enveloppe extérieure de la tôle ondulée. Sans doute l'air du grenier, échauffé par rayonnement, sera à une température plus élevée que l'air des chambres avec lequel on le mettra en communication. Il en résultera un appel énergique d'air de bas en haut. Néanmoins, l'échauffement produit par ce même rayonnement est loin d'être compensé par l'activité plus grande de la ventilation, d'où la nécessité de protéger encore, quand c'est possible, la double toiture par une légère paillote.

Le plafond doit exister également sous la véranda.

Choix des matériaux à employer. — Toiture : les ardoises et les tuiles, qui fourniraient la meilleure couverture, sont à écarter. Elles sont coûteuses, lourdes et d'un transport difficile ; leur pose est longue, délicate et exige des ouvriers spéciaux ; elles nécessitent une charpente résistante, des lattes et des chevrons qui augmentent encore le poids de l'ensemble. Enfin, mal posées ou mal entretenues, elles résistent difficilement aux coups de vent.

Les bardeaux sont plus légers ; mais d'après le docteur

Renaud (1), qui les a vu employer au Sénégal, ils protègent mal contre la pluie et le soleil ; ils sont facilement la proie des termites.

Le carton-pâte a été expérimenté par la maison Espitaillier, au Dahomey notamment en 1890 ; mais il a donné de mauvais résultats et on a renoncé à l'utiliser depuis.

Il reste les panneaux de bois ou d'agglomérés, qui donnent des résultats assez satisfaisants, et la tôle ondulée, galvanisée. Ils ont tous l'avantage d'être peu coûteux, légers (ce qui permet de diminuer la section des pannes), d'un montage facile et de pouvoir s'accrocher simplement, rapidement et solidement aux chevrons. La tôle est, de plus, incombustible ; mais, comme nous l'avons vu plus haut, elle absorbe trop la chaleur qu'elle propage ensuite par rayonnement. Un enduit blanc, capable de résister aux intempéries, diminuerait peut-être cet inconvénient.

On peut enfin, mais comme pis-aller, employer la toile de tente imperméabilisée.

En somme, aucune de ces toitures ne satisfait complètement.

La meilleure sera incontestablement celle que l'on fera sur place avec de la paillote, des feuilles de palmier, etc., quand on le pourra. Mais ce ne sera pas toujours possible, faute de temps, de matériaux ou de main-d'œuvre. Pour l'expédition de Madagascar, par exemple, on avait prévu un certain nombre d'abris Laillet qui devaient être recouverts avec des feuilles de ranevalas, auxquelles on fut obligé de substituer la tôle, les ressources locales ayant été vite épuisées.

Comme plafond, on utilise toutes les substances servant à faire des cloisons sauf, bien entendu, la tôle ;

(1) *Archives de Médecine navale.*

l'inconvénient du bois dans cet emploi est très réduit puisqu'il ne supporte rien. On peut même se servir de mortiers légers sur châssis métalliques, ou de toiles de tente.

Chauffage. — Beaucoup de colonies ayant un hiver, les baraques devront pouvoir être chauffées avec les ressources thermogènes du pays.

Protection contre les émanations telluriques.

Les effets des émanations telluriques sont si désastreux qu'il y a lieu de s'en prémunir. On y arrivera :

1° En évitant d'employer des baraques qui exigent des fondations ;

2° En surhaussant le plancher, ce qui mettra en même temps l'habitation à l'abri de l'humidité du sol.

Plus le plancher sera élevé et mieux le but sera atteint. Sa hauteur ne devra pas être inférieure à $1^{m},50$. Au-dessous de cette hauteur, le matelas d'air serait insuffisant et il serait difficile de nettoyer le sous-sol qui deviendrait bientôt le réceptacle d'ordures et de débris de toutes sortes. On remarquera d'ailleurs que si cette hauteur est assez grande, on pourra utiliser sans inconvénient comme magasin l'intervalle existant entre le sol et le plancher. Il suffira de le clore sur ses faces à l'aide de toiles ou de panneaux susceptibles de se relever pour assurer l'aération.

On emploiera comme plancher des frises ou des panneaux de clôture, ou un ciment maintenu par une toile métallique. Si on fait usage de frises, elles seront imperméabilisées et coaltarisées sur leur face externe. Elles pourront être à claire-voie sur la véranda. Les supports de plancher devront pouvoir se fixer rapidement et solidement au sol, de quelque nature qu'il soit.

Ventilation. — Aération.

La toxicité de l'air expiré n'est pas due seulement à l'acide carbonique, comme on l'a cru longtemps, mais encore et surtout à un poison humain d'autant plus actif que la population de l'endroit habité est plus dense. Il en résulte que plus un appartement offrira de surface et de volume d'air à un homme, plus il sera sain. Nos règlements allouent, en France, au fantassin, 3 mq. 275 et 13 mètres cubes : c'est insuffisant, et les hygiénistes prétendent qu'il faut aux colonies 6 mètres carrés et 40 mètres cubes : on les obtiendra par l'augmentation des dimensions des locaux et par la disposition intérieure des habitations, plafond en voûte. Mais il y a une limite imposée par ce fait, que ces constructions doivent être légères et peu encombrantes ; que, d'autre part, les maisons coloniales sont mal closes ; qu'enfin, celles dont nous nous occupons, ont un caractère essentiellement provisoire. Nous pensons d'ailleurs que ce qu'il faut envisager, ce n'est pas tant le volume d'air enfermé dans un local à un moment donné que celui dont dispose chaque homme dans un temps déterminé, une heure par exemple. Si, par une ventilation énergique, on provoque le renouvellement rapide et continu de l'air vicié, on remédie au manque d'espace.

La ventilation est même nécessaire quand l'homme dispose de l'espace que les hygiénistes voudraient lui voir attribuer ; mais pour qu'elle soit réellement efficace il faut que l'air soit brassé en tout sens et qu'il n'existe aucun angle mort où puissent s'accumuler les poussières et les germes morbides. Toute disposition ne réalisant pas ces conditions est à rejeter.

On recherchera, au contraire, celles qui faciliteront la

libre circulation de l'air. La forme en voûte des pavillons Tollet, ou les plafonds à deux pentes du système Espitaillier sont à ce point de vue à recommander.

Dans le même ordre d'idées, les murs de refend séparant les chambres entre elles devront s'arrêter à un mètre du plafond.

Il est bien évident, en outre, que pour protéger l'habitation contre les variations de température extérieure la ventilation devra porter aussi bien sur l'intervalle qui sépare les doubles cloisons entre elles, le grenier et l'espace compris entre le sol et le plancher, pour en renouveler le matelas d'air que sur la partie habitable.

La ventilation doit obtenir un double résultat :

a) Evacuer l'air expiré ;

b) Introduire l'air frais du dehors.

a) *Evacuer l'air vicié.* — L'air expiré, contenant de l'acide carbonique plus lourd que l'air pur, tend à gagner les parties basses de l'habitation. D'autre part, étant plus chaud que l'air extérieur, il est plus léger que lui et doit s'élever. Ces deux influences se font sentir sans qu'aucune expérience ait encore établi d'une façon ferme si l'air vicié monte ou descend. Il y a tendance actuellement à admettre qu'il gagne les couches supérieures. Quoi qu'il en soit, si on provoque un appel suffisamment puissant pour vaincre les résistances opposées, la circulation s'établira dans le sens prévu, quelle que soit la tendance de l'air vicié à monter ou à descendre. L'existence d'une véranda autour de la case et de la double cloison en mettant l'air intérieur à l'abri des variations atmosphériques facilite d'ailleurs la régularité de la ventilation.

Les procédés de ventilation à employer aux colonies doivent être simples et, autant que possible, automatiques.

L'air de la double paroi et, surtout, celui de l'intérieur étant à une température inférieure à celle du grenier que la toiture échauffe par rayonnement si on ménage des ouvertures entre la double cloison et l'intérieur d'une part, la double cloison et le grenier d'autre part, on déterminera un appel d'air vers le haut qui sera d'autant plus actif que la différence de température sera plus grande et les ouvertures plus nombreuses. Or, si la différence de température est considérable, il est à craindre que la chaleur du grenier se propage dans l'intérieur malgré le plafond. Il est donc nécessaire d'augmenter le nombre des ouvertures, impostes ou autres, par lesquelles l'air de l'intérieur et des cloisons se rendra dans le grenier et de renouveler activement cet air du grenier par un appel d'air vers le haut. Cet appel, on l'obtiendra soit à l'aide de lanterneaux, soit au moyen d'œils-de-bœuf placés dans les pignons et munis de persiennes fixes ; soit, ce qui est préférable, en combinant les deux procédés. Ces lanterneaux, naturellement recouverts de tôle ondulée, devront être assez bas pour empêcher les rafales de pluie horizontales de pénétrer dans l'intérieur et, dans le même but, munis sur les faces de persiennes mobiles en tôle. Un lanterneau unique, ménagé tout le long du faîtage comme dans les baraques de Viétry, remplira souvent mieux le but qui lui est assigné que deux ou trois cheminées d'appel.

Les impostes seront munies de persiennes ou de toiles métalliques. Elles seront fixes pour la nuit et mobiles pour le jour. Ces dernières devront pouvoir s'ouvrir par rabattement autour de leur arête inférieure, de façon que l'air frais ne tombe pas directement sur les hommes mais soit dirigé sur le plafond.

b) *Entrée de l'air pur.* — Elle se fera soit par les portes et les fenêtres, soit par des prises d'air placées dans le bas, sous les portes, et protégées par des toiles métalliques, soit enfin par des impostes qui servent en même temps à l'évacuation de l'air vicié, soit en combinant ces différents moyens.

Par une judicieuse disposition des pièces on pourra d'ailleurs augmenter la ventilation et l'aération. Il faudra ne disposer qu'une chambre dans toute la longueur du bâtiment, de façon qu'elle puisse prendre jour à la fois sur les deux façades au moyen d'ouvertures, portes ou fenêtres, *se faisant face*. On complètera cette aération par une ventilation longitudinale, à l'aide d'ouvertures ménagées dans les pignons et se faisant également face et en arrêtant les murs de refend à un mètre au-dessous du plafond. On objectera qu'on permet ainsi d'entendre d'une pièce ce qui se dit dans l'autre ; mais cet inconvénient ne peut être évité, même en n'interrompant pas les murs de refend, par suite de la faible épaisseur des séparations.

Un système de pancas légers, parallèles, qu'un seul homme peut mouvoir à l'aide de cordes passant sur des poulies n'occasionnerait pas d'augmentation sensible de poids, ne serait pas trop coûteux et rendrait des services inappréciables, à défaut de ventilateurs électriques.

Dans bien des colonies les habitations ne sont pas fermées ; les portes sont à claire-voie et les fenêtres n'ont pas de vitres. Or, dans les pays où la température est très élevée, pour avoir une habitation fraîche, il est nécessaire de fermer les ouvertures pendant les heures chaudes de la journée ; c'est aussi indispensable, la nuit, dans certaines régions pour éviter le refroidissement par rayonnement nocturne qui provoque la dysenterie et les affections intestinales. Il en est de même quand on est dans l'obligation de se protéger contre les vents du désert comme ce serait le cas s'il fallait opérer sur la côte des Somalis ; enfin, il est souvent difficile de désinfecter les locaux que l'on ne peut clore soigneusement.

La nécessité de portes et fenêtres fermant bien est donc indiscutable. Les panneaux qui les constitueront devront être interchangeables et pouvoir être à volonté remplacés par des vitres, des substances transparentes, des volets ou des surfaces pleines. On emploiera, quand on le pourra, les fenêtres à bascule ou à guillotine dont on peut régler l'ouverture.

Les fenêtres et la véranda devront être munies de stores ou de volets.

De plus, afin d'empêcher les moustiques, cause des fièvres paludéennes, de pénétrer dans les appartements, il sera souvent avantageux de tendre sur toute la superficie des fenêtres un tulle léger, placé à demeure ou mobile (châssis léger de dimensions égales à celles des ouvertures.)

Nécessité des chéneaux. — Dans son étude sur le sanatorium de Nosy-Comba, dont il a dirigé l'érection et le service pendant l'expédition de Madagascar, le Dr Mélinas regrette que les baraques n'aient pas été munies de chéneaux qui auraient permis d'utiliser l'eau de pluie et d'éviter la détérioration des plates-formes des baraques par l'écoulement provenant des toitures. Le commandant Legrand-Girarde, dans son ouvrage *le Génie à Madagascar*, s'associe à ces observations. Au cours de l'expédition le chef du service télégraphique demanda que les postes optiques qui s'approvisionnaient difficilement d'eau potable fussent munis de chéneaux. On ne put lui donner satisfaction. Un peu plus tard, à Tananarive, quand on eut constaté que les sources qui alimentaient la ville étaient contaminées par les détritus et les déjections, on dut installer partout où on le put des dispositifs pour recueillir l'eau de pluie.

Donc, dans les pays où l'eau potable est rare et partout où la construction n'est pas à proximité de l'eau, comme cela peut être le cas d'un poste optique, il est nécessaire d'installer à hauteur de véranda des chéneaux et des tuyaux de descente permettant de recueillir l'eau de pluie et d'éviter la détérioration des baraques par l'écoulement des eaux de la toiture.

Protection contre la foudre. — La nécessité de munir quelques bâtiments comme les magasins à munitions, à poudre, à explosifs, les postes optiques, etc., de paratonnerres est trop évidente pour qu'il soit nécessaire d'insister sur ce sujet.

Latrines.

Les fosses fixes et les feuillées ont des inconvénients si multiples aux colonies qu'il y aurait intérêt, chaque fois qu'on le pourra, à éviter leur emploi.

La plupart des maladies, particulièrement la dysenterie et les affections intestinales, sont transmissibles par les selles. D'autre part, les terrains de la côte et ceux d'origine alluvionnaire qui l'avoisinent sont généralement très perméables ; les matières fécales y pénètrent facilement et vont contaminer les eaux qui provoquent dès lors les fièvres typhoïdes et autres. Le fait a été constaté souvent, et en particulier à Nouméa où, d'après le Dr Cousyn, « l'écoulement des latrines de la caserne d'infanterie se continuerait en dehors du mur d'enceinte par une rigole creusée en terre. Ce conduit naturel cessait après quelques mètres de parcours par suite de la perméabilité du sol et imbibait les terrains de matières fécales ».

Au bord de la mer on peut éviter ces dangers, comme on le fit en 1895 à Majunga, où l'on construisit des latrines sur pilotis, dont la marée enlevait journellement le produit. Mais ce moyen, qui d'ailleurs a aussi des inconvénients, n'est pas toujours possible et l'on devra le plus souvent recourir à l'emploi des tinettes mobiles.

Elles seront en métal ou en poterie, le bois s'imprégnant trop facilement ; elles devront pouvoir être nettoyées et désinfectées facilement ; elles seront munies de poignées pour le transport.

Les sièges seront disposés de façon que l'homme ne puisse prendre qu'une position telle que les déjections tombent forcément dans l'orifice *ad hoc*, sans salir les parois ni le siège.

Les latrines Goût paraissent réaliser ces différents desiderata. Les tinettes métalliques sont garnies d'une matière capable d'absorber les liquides des déjections et les gaz qui, se trouvant soustraits à l'action de l'oxygène, ne peuvent fermenter.

« Ce système, dit le Dr Legrand, a le grand avantage de prévenir l'infection ; il évite tous les dangers dûs à la présence des matières qu'il transforme en excellent terreau, à la manipulation des tinettes, etc... Les dépotoirs eux-mêmes sont absolument sans danger pour la santé publique, ainsi que le témoignent d'innombrables expertises et de nombreux rapports. C'est à ce point qu'en 1877, à Orléans, dans la caserne d'infanterie du faubourg Vanier, on a pu, du 15 août au 22 janvier de l'année suivante, laisser s'accumuler dans les cours les produits des déjections de 4.200 hommes sans qu'il en résultât pour les militaires présents le moindre inconvénient (1) ».

Nous adopterons donc les latrines Goût ; mais, contrairement à ce qui se fait habituellement, les cloisons ne devront pas être en tôle, qui est trop chaude, mais en une substance mauvaise conductrice de la chaleur ; la

---

(1) Dr Legrand, *l'Hygiène des troupes européennes aux colonies et dans les expéditions coloniales.*

toiture sera doublée d'un plafond ou d'une paillote et le parquet sera cimenté.

Emploi de l'amiante. — L'emploi de l'amiante a été préconisé dans ces derniers temps. Cette substance offre de tels avantages au point de vue de l'incombustibilité, de l'imperméabilité à l'eau, de la légèreté et de la non-conductibilité de la chaleur que son installation rendrait évidemment les plus grands services. Aussi a-t-on examiné, dans cette étude, la possibilité de l'adapter aux besoins coloniaux.

La maison Coutellier, 4, rue Rabelais, à Asnières, avait exposé, en 1900, des tuiles de sa production. Elles ont l'apparence de morceaux de carton. Il y en a de deux sortes : un modèle fort, de $0^{m},003$ d'épaisseur ; un modèle léger, de $0^{m},0015$. Elles sont de forme carrée et se posent sur un voligeage jointif ou écarté de $0^{m},16$ d'axe en axe. On les y fixe à l'aide de clous à calotins en zinc. Elles coûtent trois fois moins cher que la tôle ondulée, soit 3 fr. 25 ou 1 fr. 65 le mètre carré, suivant qu'il s'agit du modèle fort ou de l'autre. Mais c'est surtout au point de vue de leur poids, comparé à celui des autres modes de couvertures, qu'elles sont remarquables, comme le prouve le tableau ci-dessous :

		kilogrammes.
Poids du mètre carré	de tuile	60
—	d'ardoises	38
—	de tôle ondulée	7
—	d'amiante (modèle fort)	2
—	— (mod. léger)	1

Cette légèreté, déjà si avantageuse par elle-même, permet, en outre, de recourir à des charpentes plus légères, d'où une économie d'environ 30 p. 100 qui n'est pas à dédaigner.

Enfin, elles absorbent moins l'eau que les tuiles ordinaires. D'après des expériences faites à la Section technique du génie, un mètre carré de couverture en tuile absorbe 2 kg. 640 d'eau, alors que, pendant le même laps de temps, la même surface d'amiante n'en retient que 0 kg. 176.

L'amiante, pour toutes ces raisons, paraît donc devoir prendre une très grande importance dans la construction des baraquements coloniaux démontables et portatifs ; mais il n'a pas encore la consécration de l'expérience et il ne semble pas, en l'état actuel des choses, qu'on puisse admettre dès maintenant son emploi généralisé dans les constructions qui font l'objet de ce travail.

Tentes.

La grande tente présente des inconvénients multiples qui ont été signalés par les hygiénistes, les médecins et les officiers qui l'ont utilisée aux colonies.

Employée seule, dit le Dr Reynaud, elle protège mal contre le soleil et la chaleur y est étouffante. D'après les Drs Kermorgant et Reynaud, on a observé, à Madagascar, de 33° à 42° sous la tente, et au Soudan, sous une tente-abri, on a constaté 60°. Le Dr Legrand la trouve de plus insuffisante contre le rayonnement nocturne. Enfin, même imperméabilisée, elle offre un abri parfois aléatoire contre les pluies torrentielles des tropiques.

A Madagascar, on en a utilisé un très grand nombre de toutes variétés sans compter la tente-abri dont chaque homme était muni. Le service de santé employa 10 tentes Tollet, 27 tentes Tortoise, 37 tentes coniques ; 80 grandes tentes de différents modèles et 4.000 tentes coniques (le chiffre 500 primitivement fixé avait été trouvé insuffisant) furent mises à la disposition des autres services. Même celles choisies par le service de santé donnèrent des résultats peu satisfaisants et le commandant Legrand-Girarde a pu dire d'elles : « L'hôpital de Majunga se composait, à la date du 3 avril, d'une baraque en charpentes construite par l'artillerie de marine et de *tentes* abritant d'une façon *très précaire* les malades et le matériel (1). »

D'autre part, la tente n'est pas toujours très stable. Dans la nuit du 14 novembre 1854, à Inkermann, toutes celles de la division Bosquet furent enlevées par la tempête. Le fait se reproduisit fréquemment ailleurs, aussi bien en France qu'aux colonies. Cela tient au mode de fixation au sol généralement usité.

Dans presque tous les modèles, la stabilité est assurée par des haubans liés au sol à l'aide de piquets. Or, les piquets s'enfoncent très difficilement dans les terrains durs ou rocheux et ne tiennent pas dans les sols sablonneux, mous, friables ou humides. D'autre part, les haubans exercent une traction continue sur la toile qui s'use rapidement et, par réaction, sur les piquets qui tendent à s'arracher. Il en résulte que l'ensemble est d'autant moins stable que cette double action est encore accentuée par l'effet des agents extérieurs. La pluie, l'humidité et le soleil, par les contractions et les dilatations qu'ils font subir à la toile, diminuent ou augmentent, en effet, sa tension et contribuent ainsi à l'usure de l'étoffe et à l'instabilité du système.

Pour remédier à ces défauts et empêcher le vent de s'engouffrer sous la tente on a été conduit à rejeter sur ses bords en bourrelet, la terre provenant du fossé qui l'entoure, ce qui a pour résultat de faire pourrir toile et corde et, surtout d'empêcher l'aération de la tente.

Il y a lieu de signaler, pour terminer, un dernier inconvénient de la toile très tendue, en temps de pluie :

(1) *Le Génie à Madagascar*, Legrand-Girarde.

si par mégarde l'homme appuie la main en un point quelconque de la surface intérieure de la tente, il y provoque immédiatement une gouttière.

Malgré ces inconvénients auxquels vient s'ajouter celui d'une détérioration rapide par les rongeurs, la tente a été et sera longtemps encore employée partout où faute de temps, d'argent, de moyens de transport ou de ressources locales on ne pourra disposer d'abris plus confortables.

Il faut, en effet, que les approvisionnements, du moins ceux qui ne peuvent être enfermés dans des récipients étanches, comme le riz qui forme la base de l'alimentation des indigènes, le sel, etc.; les effets, les munitions, certains matériels, soient soustraits à l'action de la pluie sous peine d'être inutilisables au moment voulu. Il faut des abris pour les fours de campagne, qui ne peuvent fonctionner sous la pluie, les cuisines, etc.

Il en faut surtout aux malades, aux malingres et aux éclopés qui sans eux se referaient difficilement.

Or, la tente est légère, donc facilement transportable à la suite des colonnes ; elle peut être montée rapidement et, par suite, offrir presque instantanément un abri très appréciable. Elle est d'un prix peu élevé et son faible volume facilite l'emmagasinement des stocks de réserve. Toutes ces considérations militent en faveur de son emploi.

Quand elle sera destinée au personnel, elle devra être améliorée de façon à être aussi confortable que possible tout en restant légère et facilement transportable, solide et stable, d'un montage et d'un démontage faciles et rapides.

Elle sera formée de deux toiles imperméabilisées comprenant entre elles un épais matelas protecteur d'air pouvant circuler librement et soustrayant dans la mesure du possible l'homme à l'action du froid et de la chaleur.

En munissant une tente d'une double paroi on abaisse la température intérieure de 2° ou 3° en été et on l'élève de 3° à 4° en hiver. L'expérienc a été faite en Chine, à l'arsenal de l'Est, pendant l'hiver 1903-1904. Les services administratifs ont essayé comme magasins deux tentes Tortoise de modèles identiques, mais dont l'une était munie d'un taud. On a obtenu les températures ci-dessous :

	TEMPÉRATURE MAXIMA		TEMPÉRATURE MINIMA	
	avec taud.	sans taud.	avec taud.	sans taud.
Octobre 1903........	22	23	6	5
Novembre —	15.5	16	2	— 1
Décembre —	9	10	— 1	— 6
Janvier 1904........	5	+	—10	—13
Février —	10.5	11	— 8	—11
Mars —	16	18	— 2	— 3
Avril —	18	20	10	12
Mai — (jusqu'au 12)..	20	22	11.5	14

On n'a pas chauffé.

Le taud était mal installé ; le matelas d'air se renouvelait difficilement. Il est permis de croire qu'avec une circulation bien établie l'avantage eût été encore plus grand en faveur de la tente munie de taud.

On atténuera encore les effets de la chaleur en donnant à la tente une couleur claire, verte ou rose, ce qui diminuera en même temps les dangers de la réverbération.

La tente offrira à l'homme un grand volume d'air uniformément réparti dans tout l'intérieur. A cet effet, elle sera très élevée et n'affectera pas la forme conique. Elle sera bien aérée et énergiquement ventilée tant à l'intérieur de la tente qu'entre les deux parois, le renouvellement facile et permanent de l'air étant le principal des perfectionnements à réaliser. Dans ce but les ouvertures devront se faire face et les côtés pourront se relever facilement de façon à former véranda ou à transformer la tente en une sorte de hangar sans qu'il soit nécessaire pour cela de la démonter et sans que sa stabilité soit compromise. Enfin, des soufflets d'aération devront être ménagés dans la toiture pour le cas où la tente serait en partie fermée. Un modèle à recommander se rapprocherait de la tente installée sur le pont des navires : vaste prélart doublé maintenu par des ferrures stables et clos sur les côtés par de doubles rideaux facilement relevables.

Une tente qui réaliserait ces conditions, qui serait bien orientée et qu'on prendrait la précaution d'arroser souvent et de recouvrir de feuillages, d'herbes, de paille, etc., offrirait un abri très précieux pour les Européens et très confortable pour les indigènes. Le modèle est encore à trouver aussi bien en France qu'à l'étranger ; on devra se contenter, parmi les modèles existants du moins mauvais ; on en sera quitte pour redoubler de précautions hygiéniques.

Janvier 1902.

TABLE DES MATIÈRES

Paris et Limoges. — Impr. milit. Henri Charles-Lavauzelle.

www.ingramcontent.com/pod-product-compliance
Lightning Source LLC
LaVergne TN
LVHW050455160826
845677LV00003B/793
* 9 7 8 2 3 2 9 6 6 7 0 2 7 *